Sonetos de amor y agonía
Jaume Mesquida

Colección Baños del Carmen

Jaume Mesquida

Sonetos
de amor y de agonía

EDICIONES VITRUVIO
Colección Baños del Carmen,
nº 1050

www.edicionesvitruvio.com

Primera edición, 2025

© Ediciones Vitruvio
C/ Menorca, nº 44
28009
Madrid
Tlf: 91 573 21 86

ediciones vitruvio nº 1. 758
ISBN: 979-13-990511-1-7

Sonetos de amor y de agonía

Dedico este libro a José López Sánchez-Varos, poeta, cuya amistad me hizo amar con más fervor la poesía.

DÉJAME EN TI

Corazón de agua en lluvia estremecida
no seré jamás cuando me despierte,
ni rama subiendo en flor decidida
contra la luz quieta o el viento fuerte.

En ti presente, de mí siempre huida,
seré quien quieras tú si he de volverte,
y en ti, ausente, de mí siempre tenida,
serás quien quieras ser si he de tenerte.

Por eso déjame en ti, en ti poseída
en este hondo sueño mío de quererte,
aunque me robes aire y luz sabida

y hasta estos ojos con que yo he de verte,
sólo en ti puedo yo vivir mi vida
como un día habré de vivir mi muerte.

YO SÉ

Yo sé que para el dolor más terrible
y que para la muerte más amarga
he nacido, aunque el vivir me es posible
y me es posible soportar su carga.

Yo sé que el signo fatal que en mi llevo,
va marcándome mi destino cruel,
y pues que ni con la muerte me atrevo,
he de seguir con sufrimiento y piel.

Como el buey que imponentemente manso
acepta el yugo y acepta el arado,
yo debo aceptar todos mis males.

Debo aceptar sin tregua ni descanso
que en mí, el dolor, tal vez eternizado,
haga mis sufrimientos inmortales.

AÚN ESPERO MAYOR DOLOR

No hay en el mundo dolor tan intenso,
ni hay herida más grande que la mía,
y aún espero dolor mucho más denso
y amargor más amargo todavía.

Dolor de vivir bajo el sol extenso
con esta oscurecida agonía
que da alimento a este fuego inmenso
que es el vivir mi muerte día a día.

Dolor de partirme el alma o la boca
a beso fiero o dulce cuchillada
y verlas a ambas como si nacidas.

Y amargor por esta ansia mía tan loca,
que me tiene el alma en muerte inundada
condenándome a vivir mil vidas.

TENGO ENTRE MI PIEL Y MI CARNE IMPÁVIDA

Un bramido de sangre espesa y ávida,
si más alto en mí, en mí más sumergido,
un rojo vendaval oscurecido
tengo entre mi piel y mi carne impávida.

Tengo entre mi piel y mi carne impávida
el corazón manso en furia investido,
y como el hueso más recio y florido
tengo el pensamiento en la sien ingrávida.

Un deseo en mí cada vez más suicida,
una rabia, un furor más extensivo
siento que guía mi mano hacia mi herida,

y tan igual tengo en mi pecho altivo
a la muerte como a la misma vida,
que aún no sé el cómo ni el por qué estoy vivo.

CONCIENCIA

Dentro de mí suena, mudo y abierto,
un gran rumor triste y desconsolado,
cada vez más furioso y enconado,
cada vez más silencioso y despierto,

un rumor cada vez más muerto, muerto
en el rincón más negro y desolado,
pero que me habita y me ha poblado
y me hace sentir más solo y más desierto,

un rumor que se calla piel afuera,
pero que brama y grita hueso adentro,
un rumor sin más patria ni frontera

que mi corazón y que mi alma entera,
un rumor que se me clava en el centro
y me hiere y me mata sin que me muera.

MUCHO ANTES QUE TÚ ME MORIRÉ

Mucho antes que tú me moriré,
sin sangre llevo mi herida mortal,
daga feroz sin filo ni metal,
que en mí, de ti, yo mismo me clavé.

Mucho antes que tú me moriré,
astro veloz o viento sideral,
llevo marcado mi sino fatal,
y aunque te viva, no te viviré.

Carne de lumbre, áspero sol rabioso,
en mí, de ti, seré mi sufrimiento
y mucho antes que tú me moriré,

loco furioso de mi deseo furioso,
negro loco de tu blanco tormento,
y aunque te viva, no te viviré.

VERTE Y NO VERTE

Verte y ya otra vez no verte...
Vicente Aleixandre

Verte siempre, siempre y ya no más verte,
cruzarte y no cruzar, aire sin vuelo,
soledad de siempre, sombra y desvelo
de dolerme y ya nunca más dolerte.

Verte siempre, siempre y ya no más verte.
Juventud de mi herida, loco anhelo,
mansa fiebre alta de mi desconsuelo
de querer sin querer no más quererte.

Con lunas y con soles en aumento,
más besos tengo y guardo entre mis labios
que besos tienen el mar y la arena,

y no besarte es gozar mi tormento,
no tener tu carne mi solo agravio
y verte y no verte mi sola pena.

SI CON DOLERME YA NO ME DOLIERAS

Hoy que alegrías mansas y penas fieras,
hoy que continua luz, rota ilusión,
en mí golpean y golpean a traición
con furias de martillos y de hogueras.

Hoy que sin caer han caído las primeras
hojas de mi humana, otoñal pasión,
hoy, hoy me arrancaría el corazón
si con dolerme ya no me dolieras.

Si con dolerme ya no me dolieras,
seguir cantando por mortal herida,
poner feliz el grito en la espada.

Si con dolerme ya no me dolieras,
como se va de alegre por la vida,
ir alegre a la muerte o a la nada.

SI EN TI ME DERRAMO

Llama feroz que entre las sombras brota,
vértice de la luz y del día eres,
sol profundo y alto, luminosa nota,
fiel blancura de los amaneceres.

Desde mi corazón el alma flota,
desde mi corazón sin que te enteres,
yo en ti me derramo gota a gota,
sangre a sangre, beso a beso si quieres.

Y en este abrazarte sin más abrazo
que envolverte sin que te envuelva el brazo,
nace la dicha de mi anhelo loco.

Lento, mágico, dulce este venero
que me hace nacer en mí más entero
si en ti yo me derramo poco a poco.

SUMARÍA A MIS AÑOS TUS DOLORES

Derramando hermosura entre las flores,
nieve y espuma de blancor bronceado;
movible luz de aire y sol regado
eres sumiendo a oscuras los colores.

Por tenerte en mis brazos cuando llores
y besar tu silencio enamorado
con tristísimo beso apasionado,
sumaría a mis años tus dolores.

Sumaría a mis años los dolores
de tu corazón, firme y agitado,
en tus ojos de audaces resplandores,

y en mi alma, una por una, apresurado,
arrugas que te hicieron mis amores
de mi más negro tiempo desolado.

AIRE CEÑIDO EN FRÍA LLAMARADA

Aire ceñido en fría llamarada,
mucho más clara cuando más de día,
como en la espesura el ave sombría
más brilla en su sombra desclavada.

Más brilla en su sombra desclavada
la oscura luz de mi clara agonía
si pueblas mi noche con tu osadía
de clavel o de espada desvelada,

de clavel o espada desvelada
en ira ardiente o fuego enarbolado
entre tu sangre desordenada

y el furor de tu ojo no apagado,
que pone luz a tu sombra quemada,
y a mi luz, negro resplandor helado.

SIEMPRE

Oh tú, centro mortal de mi existencia
a cuyo roce huye la luz del día
y torna turbio sol o lejanía;
imán tú entre las flores de su esencia,

culminas ira o amor con tu presencia,
muerte siempre, mas vida inmortal mía,
siempre cumbre en mi dicha o alegría
y siempre abismo en mi pena o dolencia,

siempre agua fluida que nunca termina
o siempre fuego alto que me extermina,
siempre sombra en mi noche iluminada

y luz siempre en el día que no ilumina,
siempre en ti, de ti misma, peregrina,
o en mí, de mi abandono, abandonada.

PERO ME IRÉ SI EN TI NO HE DE TENERTE

Cielos oscuros, prados luminosos;
luz en penumbra de día coronado
por un sol de Noviembre amortajado
con nubes surcando aires silenciosos;

clara humedad ausente de tus ojos,
carne virgen de un blanco suspirado
que sin ningún murmullo han ultrajado
los claveles con sus tonos más rojos.

Ciprés de luna, vértice de tu grito
que en mí se enciende cuando más te evito
y en negro se ahonda cuando más celeste.

Pero me iré si en ti no he de tenerte,
larga vida en mi temprana muerte,
cautivo el corazón, mas siempre agreste.

ESTOY HACIENDO MI IRA TODA MÍA, TODA TUYA

El blanco marfil del día humedecido, baja
a la tierra con frutos, renacida de vida,
para llenarme de grata muerte esta herida
que el tiempo, desde ahora, mima, cuida y trabaja.

No será tu mirada, que tu ojo adusto ultraja,
ni será esta boca que a mi beso convida,
ni esta mano serena de ardor revivida
la que ponga en mi cuerpo, de la caricia, alhaja.

Yo, que tal vez, como un mar sonoro que arrulla
la orilla de tu carne y tu pelo, con olas
de fleco enloquecido y blancas caracolas,

estoy haciendo mi ira toda mía, toda tuya,
para que sepa tu dolor del mío a solas:
agrio amar que con tus desdenes inmolas.

QUIERO RESONAR EN TI COMO HOGUERA

Esta tierra agria y seca que levanta
huerto de rojo sol y quemadura,
firme sostiene la frágil locura
del agua que en su seno nace y canta.

Y este mediodía que crece y espanta
sombra serena de tu luz oscura,
pupila y grito, soledad segura,
templado rayo y miel de tu garganta,

mudo me acercará a tu alma altanera;
con mi aledaño de música y fuego,
quiero resonar en ti como hoguera

en el fino perfil de tu sosiego,
con arrebatos de huracán y fiera,
con besos de muerte, locura y juego.

PERO NO ES TU LUZ

Pero no es tu luz, oh hermoso día,
sombra de otra luz, la que mis ojos ciega,
sino estos ojos que fingen entrega,
dulce, amorosamente todavía,

esta mirada engañosa, honda y fría
que aún mi pecho suavemente riega;
que de un huracán de fuego despega
lánguida rosa de melancolía,

que la más delicada mano a veces
sostiene la hoz de más terrible filo.
Rayo de sol que finge palideces;

me está faltando la sangre hilo a hilo,
rumor de agua entre oscuras arideces,
si me miras con tu fiero tranquilo.

EN LA SOMBRA ESTÁ EL RAYO AGAZAPADO

En la sombra está el rayo agazapado,
ni mis labios ni mi mano lo exhibe;
sobre aquí aún el silencio sobrevive
mezcla de furia y fuego amordazado.

Mezcla de furia y fuego amordazado
mis manos y toda mi carne vive
junto a tu cuerpo solo, que inhibe
sus besos, callado y siempre callado

Embiste el día con su fiera testuz.
!Qué choque de hierros, qué garra de luz!
Súbito nacer de súbita muerte.

que ya mi vivir y morir hermana;
y este siempre querer no más quererte
o me matará hoy o lo hará mañana.

QUIERO LLEVAR TU HERIDA

Tu rostro, llamarada detenida,
tu boca abierta, nardo enfurecido;
veo un titubeo de sol adormecido
en tus ojos que me quitan la vida,

en tus ojos que me quitan la vida
y me dan la muerte, y me dan olvido,
y me dan rabia y llanto enardecido,
y me causan en el alma esta herida

que no quiero borrar ya de mi mente,
sino llevarla, amor, siempre conmigo,
llevarla, azucena o clavel ardiente,

llevarla como se lleva a un amigo
o la ira amordazada entre los dientes,
para que sea de mi dolor testigo.

CASTÍGAME

Castígame con tu piel perfumada
y con tus dulces besos, amor mío,
y devuélveme piedra iluminada
o quieta sombra de profundo río.

Castígame con tu risa mojada,
única humedad de un rabioso estío,
perenne arquitectura levantada
en una hoguera de alborada y frío.

Castígame, ¡ay!, y sea yo tu castigo,
llaga de luna herida y luz de trigo,
castígame y empiece en mí tu tormento,

vendaval de sollozo limitado
en fijo rostro nunca sosegado
donde afina el sol su rayo y lamento.

Y DIERA POR TENERTE ENTRE MIS BRAZOS

Y diera por tenerte entre mis brazos
cuando me voy de ti que siempre vengo,
diera, amor, diera yo lo que no tengo,
diera por ser la luz de tus abrazos.

Diera por ser la luz de tus abrazos,
la luz y hasta la sombra si convengo,
y a desunirme de mí me entretengo
por unir mis pisadas a tus pasos;

y de mi cuerpo el corazón desuno,
y de mi corazón desuno el alma,
pues ya en mí infierno y cielo llevo unidos,

y sufrir y amar y todo en mí es uno.
De la dicha que en ti hallé y de mi calma
aherrojado me veo por tus olvidos.

TANTAS VECES

Tantas veces viví entre tus brazos,
tantas veces entre ellos hallé muerte,
tantas veces até terribles lazos
y tantas uní mi dicha a tu suerte...

Tantas veces luz diste a mis ocasos,
tantas veces sombra a mi luz inerte,
tantas veces brillaste en cielos rasos
y tantas bajo el sol no pude verte...

Tantas veces sorbí muerte en tu aliento
y tantas sufrí vida en tu tormento...
tantas veces te odié en mi alegría

y tantas te amé en mi sufrimiento,
que te padecí en tu desprendimiento
y, mientras, te gocé en tu tiranía.

QUE MAL GRATO ES EL SUEÑO DE LA VIDA

Triste llorar de luz el de este día.
Las viejas piedras, del sol, han sangrado,
mas la lluvia caerá del mediodía
con rumor de cristal desmantelado.

Tiempo de tu dicha es de mi agonía.
Se impone el dolor. Triste y cansado,
desde lejos miraba, comprendía,
y con mis pobres ojos he llorado.

Qué mal grato es el sueño de la vida.
Como reseca raíz da florecida
rama que del mal árbol hace altar,

así debo alzar sobre cruel herida,
amor, halago y juventud vivida...
Pero morir será al fin respirar.

NO PUDO SER

Tú, el más alto y erguido acantilado,
yo, la ola más bravía, el mar más furioso,
tú, el árbol más altivo y vigoroso,
y yo, el viento más recio y enconado.

Tú, desierto de sol acorralado,
yo, tallo de agua fresca, rumoroso,
tú, el corazón más terco y silencioso,
y yo, el manantial más hondo y callado.

No pudo ser, sombra profunda y rayo,
mes desolado y florecido mayo;
no podía, !ay!, no pudo, no pudo ser,

miel y sal juntas de una sola boca,
cimientos de arena y muros de roca:
no podía ser labios de hombre y mujer.

NADA SINO

Nada sino tus ojos aquí quiero,
nada sino tu cuerpo, leve lumbre,
nada sino de tus senos la cumbre
para mi mano y mi beso primero.

Si con humildad te di, o altanero,
si fue con alegría o pesadumbre,
por placer de dártelo o por costumbre,
que te di mi alma y mi corazón entero,

no te importe y quiéreme, amada fiera,
quiéreme como tú sabes querer,
agua sosegada y briosa hoguera,

paloma tierna o brinco de pantera,
que yo, como este dulce amanecer,
forjo para ti, amor, mi luz primera.

ERES TÚ

Ni el sol de llama dulce y amorosa
sobre la tierra humedecida y fría,
que avergüenza el rosal con rojas rosas
y llama y llama a la raíz todo el día.

Ni el azul del cielo en la tarde hermosa
que canta y canta el mar mientras copía,
ni esta campana que tañe llorosa
en el aire luminoso todavía.

Ni el almendro que la nieve apresa
en ramas de perfume y pereza,
ni el aroma que el nuevo aire excita...

Eres tú, sólo tú que en mi tristeza
y soledad, como el alba que empieza,
tu alegría de amarme gritas y gritas.

A DONDE TÚ QUIERAS Y COMO QUIERAS

Mi corazón abierto a tu voz,
y abierta mi casa al aire, sus puertas
y sus ventanas. Mediodía feroz
se ha desplomado entre grises huertas,

junto al agua que queda y huye veloz
de tus miradas largas y desiertas.
Como si de una honda herida atroz
en mi alma derramada, y más abiertas

mis ansias que mi herida, junto a mí,
a donde tú quieras y como quieras,
llevaré en mi sombra la luz perdida

de tu mirada, como junto a ti,
lleva, como si de otras primaveras,
este día azul, del sol, su gran herida.

POR QUERERTE AMOR COMO TE QUIERO

Un mar casi perfecto armoniza
con la alta soledad de un limpio cielo,
mientras despacio se envanece el suelo
del esplendor del pan de piel sumisa,

que ni la más leve onda de aire riza.
En estas horas sin brisas ni vuelo,
de mansa languidez y de alto anhelo,
sólo el corazón va más de prisa.

Por quererte mi amor como te quiero,
me duele el cuerpo, y el alma me duele,
y en el ardiente corazón me duelo,

y me duelo en todo mi ser entero,
y hasta me duele porque no me duele
la uña del pie y la raíz del pelo.

RÍO DE MUERTE ENAMORADO

Libre aire de canto amartillado
en fijo sol y frágil sombra ingrata
donde el día corre desnudo y desata
albo aroma fresco libertado.

En fragua de áspera luz forjado,
monte de sol bruñido, tren de plata
del agua mansa que corre insensata
como yo, río de muerte enamorado,

por besar tus labios tan míos y ajenos,
por besar tus ojos y tu garganta,
besar la altiva curva de tus senos:

rosas de hoguera que tu piel levanta;
y besar con labios de besos llenos
donde tu carne su hermosura canta.

ANTE TI

Ante ti todo mi ser se enerva y se envara
y yo ya no soy yo sino esa cosa vana
que vive en mí, vive en mí y en ti vive lejana,
y tú en mí no eres sino esa cosa rara

que me das, que me das de una manera avara;
y vas con tu futuro de tu hoy a mi mañana
cuando te da la gana, cuando te da la gana,
y vas de mi tristeza a tu alegría, oh, cara,

como de la noche al día, de la noche al día,
y nada hay en ti, nada, y en mí nada hay de cierto
sino que me sé arena contigo, y más desierto,

y sin ti, agua me sé con más sed todavía.
Voy pues de ti a mi sueño, no soñando, despierto;
para lo muerto: vivo; para lo vivo: muerto.

BORRARÍA

Borraría de mis ojos tus ojos si pudiera,
borraría del aire el nombre con que te nombro,
y mi aliento con que tu piel, de fuego, alfombro
de noche en la flor sin muerte de tu cadera.

Borraría de mi alma y de mi carne entera
la huella de tu huella, y la sombra de tu asombro
cuando beso y no beso la blancura de tu hombro,
y de tu pecho altivo, la llama de su hoguera.

Borraría del silencio loco de tu cabellera
mis manos de ceniza, luz de mi sombra clara,
si yo te tuviera y luego ya no te tuviera,

y borraría mi risa de tu risa y tu cara,
si yo te perdiera y luego ya no te perdiera,
si me besara tu boca y no me besara.

AÚN GUARDO PARA TI

En un silencio de aire y mansa agricultura,
lento sube el sol a su condición sagrada
y sufre y llora por ti la luz delicada
en el martirio sin nieve de tu blancura.

Y aún para mí eres lluvia de metal y frescura
en el aire caliente, clara sombra dorada
en débil voz de sol, o lumbre sosegada
en el bosque sin monte y en terco frío o llanura.

Y aún guardo para ti, bajo el fruncido ceño,
la pólvora mojada de mi deseo y empeño;
palabra tuya en mí, pero con voz ausente.

Y en un falso rumor de alas y turbio sueño,
por ti tendré yo siempre el corazón sin dueño
abierto a todas las formas de tu presente.

A DONDE TU VAYAS Y YO VAYA

A donde yo vaya tú has de venir,
sombra de luna herida, nieve oscura,
cuerpo sin nadie de mi sepultura,
y a donde tú vayas también yo he de ir.

Yo he de ir: muerto, no quiero vivir,
sangre levantada en roja arquitectura
por la orilla de tu fresca blancura;
tú has de venir: viva te he de morir.

Viva te he de morir, te he de vivir.
Muerto, me has de vivir, me has de morir.
Noche oscura, día gris mío sin ti.

Porque a donde tú vayas yo he de ir
y a donde yo vaya tú has de venir.
Triste mar, aire triste tuyo sin mí.

POR TU PIEL

Por tu piel, oh cara, nombras al mundo,
planeta de agua y tierra, luminoso,
por tu piel, amor ardiente y profundo,
blancura de una gran luna en reposo.

Por tu piel de mi piel me siento oriundo,
pero del corazón sufro el acoso
de un modo mucho más feroz, rotundo,
de un modo más ferviente y poderoso.

Por tu piel todo mi oscuro amor fundo,
y voy de la sombra al sol clamoroso
mientras todo mi ser de luz inmundo,

y voy de un antes a un después gozoso,
que me agiganta y me crece, si me hundo
en tu carne de origen luminoso.

LAS PALABRAS QUE HAS DICHO

Las palabras que has dicho, las palabras crueles,
las de mucho dulzura con mucho amargor dentro,
las de frío, las de hielo con un sol en el centro,
las oscuras que brillan como lustrosas pieles,

las palabras que inventan o desinventan, crean
un silencio espantoso, una nada, un vacío
lleno de tinieblas, una oquedad en el frío
que recorro aterido y aún de ardor me rodean...

Oh mares de mi sangre, desiertos de mi sed,
y tierras de mi cuerpo, y océanos de mi hambre
en donde os he buscado, perseguido, rehuido.

Voces crueles, vocablos de cólera,¡volved!
Pululad, batid como la espuma de un enjambre.
¡Corred, avanzad hasta donde ya os he destruido!

DENTRO DE MÍ

La sangre me reduce y agiganta
Miguel Hernández

Dentro de mí la sangre en toro se levanta,
dentro de mí me asienta su cornada asesina,
y me embiste y me arrastra, me empuja y descamina,
dentro de mí, con furia, me reduce o agiganta.

Dentro de mí se vierte, me construye y quebranta,
me desvive y me vive, me desmuere y extermina.
Su silencio me asorda y me ciega y me obstina
y su grito enmudece mi voz y mi garganta.

Su rojo torrencial se libera en mis venas,
mas dentro de mí me alza rejas, pone cadenas.
Fruto feroz soy de su rama florecida:

por hueso, mi alegría llevo, llevo mis penas;
por piel y pulpa, las desgracias, mías y ajenas;
por zumo, un deseo cada vez más fiero y suicida.

MI CUERPO ESCULPIDO POR LA MUERTE

Mi cuerpo esculpido por la muerte,
será un vigía en el tiempo interminable,
un muerto de una muerte inacabable
abandonado en la tierra a su suerte.

Harto ya de mirar para no verte,
único atroz tormento en mí deseable,
un fuego ardiendo en un frío perdurable
de huesos que se roen hasta perderte.

Un huracán en un cuerpo en reposo,
una vida en un muerto ya borroso
entre las huesos más sombríos y helados.

Un grito cada vez más silencioso,
un silencio más y más clamoroso
entre los labios inertes y enconados.

VIENES

Vienes como un dolor de dentellada,
como un dolor de dentellada vienes
a desgarrarme el alma desolada
y el desolado cuerpo que no penes.

Vienes como un dolor de cuchillada,
como un dolor de cuchillada vienes,
cual rápida luz de una sombra airada,
desde tu corazón hasta mis sienes.

Vienes como un dolor de flagelada,
como un dolor de flagelada vienes
de tu vida a mi muerte trabajada,

a llenarla de angustias y desdenes,
y esperando por nunca tu llegada,
muy temerosamente aquí me tienes.

1979

ÍNDICE

Ediciones Vitruvio

Colección Baños del Carmen

Últimos libros publicados:

Mil años de poesía (1000-2000),
número mil de la colección Baños
del Carmen

Autobús nocturno, de Luis
Machuca Moreno

Donde nadie dirige la mirada, de
Fernando Fiestas

Siempre promete amanecer, de
Ignacio Eufemio Caballero

Recuento de ilusiones, de Norberto
Garcés

Y la que escucha no es ella, de
Silvia López Ripoll

La levedad, de Cristina Liso

La niña que ha sembrado la tierra
del poema, de Josela Maturana

Despacio y tiempo, de Angie
Expósito

El agua en la mano, de Félix Recio

Parábola entre parabólicas, de
Pablo Villa

Centinela del viento, de Daniel
López Acuña

Guiñol, de Pedro López Lara

Historias encontradas, de Domingo
Luis Hernández

El gozo cumplido, de María José
García Mesa

Postales del norte, de Juan Gil
Bengoa

Obra poética incompleta, de Yong-
Tae Min

La ley del soneto, de Modesto
González Lucas

Franqueo en destino, de José Félix
Olalla

Otro tipo de abreviatura, de
Isabela Basombrio Hoban

Cuando llegues, de Carlos Cortés

Palabras, pájaros y cobijo, de
Victoria Muñoz Arenas

Éramos esto, de Pilar Úcar
Ventura